빗속의 여인

2007 & 김경아

빛속의 여인

지 은 이 : 김경아
펴 낸 이 : 우미경
편　　집 : 윤기영
일러스트 : 현대시선 출판부
인　　쇄 : 초판인쇄 2007년 4월 12일
인　　쇄 : 초판발행 2007년 4월 15일
펴 낸 곳 : 도서출판 현대시선
본　　사 : 서울시 영등포구 신길2동 188-396호
지　　사 : 경기도 부천시 원미구 원미동 147-12호
전　　화 : 02-844-5756
팩　　스 : 02-831-5832
등　　록 : 제 387-2006-00017호
ISBN : 978-89-957993-9-0-03810
값 7000원
이 메 일 : film20022002@hanmail.net

김경아

세번째 시집

도서출판 현대시선

1부. 꽃의 노래

——OOO

2부. 비를 좋아하는 여자

—— ○○○

3부. 파라다이스

——○○○

4부. 부치지 못할 편지

—— ○○○

1부. 꽃의 노래

꽃의 노래

구름에 실려왔나요
폭풍에 떼밀려 왔나요
어여쁜 꽃의 노래
참을 수 없어요
너무 아름다운 자태에
취하지 않을 수 없어요
견딜 수 없어요
너무 고혹적인 향기에
그만 폭 빠져버렸어요

꽃의 노래 중에서

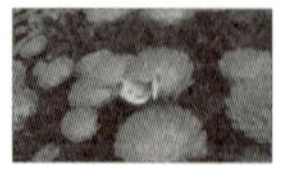

물망초

당신 잊기 위해 강물을 거슬러 걷는다
걷고 또 걸어 구두굽 닳아 없어질 때까지
시간의 거리에 무참히 수 놓는다

당신 하나 못 잊을 라고
다짐은 거창했지만 속 쓰린 현기증
잊을 수 없는데 지울 수 없는데 어쩌라고

부딪혀 올 테면 와 봐라
잊고 말리라는 혼자만의 약속
당신 잊지 못함 어쩌라고

날 기억해 주어요
당신 사랑하는 나의 모든 것 잊지 말아요
날 잊지 말아요.

꽃의 노래

구름에 실려왔나요
폭풍에 떼밀려 왔나요
어여쁜 꽃의 노래
참을 수 없어요
너무 아름다운 자태에
취하지 않을 수 없어요
견딜 수 없어요
너무 고혹적인 향기에
그만 폭 빠져버렸어요
그 아름다운 자태를
찰칵 하지 않을 수 없어요
황금 미소 닮길 원해요
들풀 허리 싱그러운 춤사위
온 누리에 피어나기 바래요
아름다워 너무 아름다워
예뻐요 너무 예뻐요
행복의 꽃잎 출렁이길 바래요
이 땅 하늘아래 천상의 노래인걸요
산 넘고 물 건너 이 땅에 피어난
아름다운 꽃의 노래
백두에서 한라까지 힘차게
울려 퍼지길 바래요.

인동초

나로 인해 아팠던 마음 있거든 잊어주오
나로 인해 고통 받았던 마음 있거든 지워주오

내가 당신 얼마나 사랑했는지는 이제 묻어두려오
내가 당신 얼마나 보고파했는지는 이제 묻어두려오

당신과의 이별에도 꽃을 뿌려드릴 수가 있고
가슴 무너지는 한 있어도 견뎌보려 하오

사랑하는 마음 잘라내는 아픔 그대는 모르오
당신 없이는 단 하루도 행복하지 않아도 견디리오

사랑하는 사람아 당신 말 한마디에
세상 모든 어려움도 견딜 수가 있소

사랑하는 사람의 진실 한 마디는 천금이니
나는 분명코 부자가 맞을 것이오

당신 한 마디에 죽고 사는 걸 보니
참으로 철없는 꽃인가 보오

당신이 잊으신다고 차마 잊을 수가 있겠소
살다보면 그런 날 있으리라 견뎌보는 수밖에요.

파피루스

당신은 모르지만
내 마음은 당신에게만 향해 있어요
오직 당신에게만 활짝 웃을 수 있어요

그토록 사랑할 수밖에 없었던 것은
다른 누구에게도 마음 열 수 없음과
그저 당신이기 때문이랍니다

아무리 험하고 무서운 세상일지라도
당신 미소 하나만으로도
온 세상이 아름답고 부드러운데요

미안해요 정말 미안해요
깊고 깊은 마음 뿌리에서 자라는
그리움은 어쩌지 못해요

내가 원하는 것은 아무것도 없어요
단지 진실 한마디면 족해요
그것 하나면 충분히 행복해요

당신이 아프지 않기를 바랄게요
당신이 행복하기만 바랄게요
당신 그리움만 쓰는 절 잊지는 말아줘요.

얼음꽃

그대 떠나간 내 마음은
얼음 꽃입니다
차가운 바람만이 불어올 뿐
작은 손난로조차 없습니다

불 꺼진 창에는
촛불하나도 켜기 싫습니다
얼음 된 그대 마음 녹아질리 없기 때문입니다
온 몸 오들오들 떨고만 있어도
차가운 바람뿐입니다

꽁꽁 얼어
이젠 아무것도 아무 생각도 할 수 없습니다
간절한 보고픔만이 고드름 되어
아직도 나를 찌릅니다
그대 떠나가고 웃음마저 얼었습니다

그대 환한 미소만이
나를 따뜻하게 녹일 수 있습니다
그대 따뜻한 목소리만이
내 웃음 활짝 피울 수 있습니다
그대로 인하여 핀 꽃이며
그대로 인하여 얼어버린 꽃입니다

무언가에 강하게 부딪히면
부러질 것입니다
무언가 세게 누르면
산산이 부서질 것입니다
그대만이 부드럽게 녹여
향기롭게 꽃피울 수 있습니다

그대 떠난 빈자리엔
아무것도 채울 수 없습니다
커다란 그리움과
부칠 수 없는 편지만이 쌓일 뿐입니다
그대만이 따뜻한 봄 길인데
길은 보이지 않고 찬바람만 붑니다.

동백꽃

이젠 목숨 바쳐 사랑한다는 말과 이별할 거야
이젠 죽도록 사랑한다는 말과 헤어질 거야
네가 마지막이야
다시는 그런 말 가슴에 담을 일 없을거야
내 생애 다시는 그런 말 하고 싶지 않을거야

미안하지만 널 정말 사랑했어
내 마음 사심 없이 정녕 너무 사모했어
나를 가장 순하게 만들어 주었고
나를 가장 밝게 만들어 준 너
너의 맑은 모습이 나를 웃음 짓게 만들었다

어느 날 너는 사소한 일로 떠났고
나는 세상의 모든 것이 무너진 기분이야
내 심장의 반은 달아나 버렸어
숨 쉬기도 힘겨운 커다란 구멍 속에 갇혔다
너를 어찌 지울 수 있겠니

너의 모든 것을 믿었고 좋아했다
너를 너무 사랑해서 정말 미안하다
내 생애 다시는 죽을 만큼
목숨처럼 좋아하는 일은 없을 게다
너는 나의 마지막 사랑이다.

제비꽃 비가

그래요 나를 밟고 가세요
당신 지나간 자리 아무리 아파도
나 다시 일어날 거예요

보리밭에 보리가 크듯
쓰러지지 않고 미소도 잃지 않을거예요
그러길 바라지 않겠지만 그래야겠어요

한 때는 울기도 많이 하였죠
한 때는 원망도 많이 하였죠
내 마음 몰라주는 당신 밉기도 하였죠

그래요 당신 내 마음 몰라도 좋아요
난 당신 마음 다 이해해요
그럴 수밖에 없는 세상의 이치란 걸

다음엔 진실의 동전 한 잎만 주세요
구걸하고 싶지 않지만 나 배고파요
아무리 힘겨워도 그 날까지 기다릴래요.

장미

너의 향기에 매료되기 싫었다
순간에 안주하기 보다는
영원을 안고 싶었기 때문이지

그저 스쳐 지나는 구름이고 싶었는데
진홍빛 달콤한 마법 같은 매혹에
풀려나지 못할 일급포로 되었다

널 한 순간도 벗어날 수 없고
한 발자국도 다가설 수 없는 가시투성이지만
난 너에게 중독되고 말았다

너 없이는 단 하루도 살 수 없다
단 한순간도 너에게서 자유롭고 싶지 않다
너의 감옥에서 무기징역 살아도 행복하겠다.

선인장의 변명

결코 가시가 되고자함이 아니었다
결코 독이 되고자함이 아니었다

당신과 나 사이에 흐르던
맑은 샘물 범추고 싶지 않음이었다

당신에게만 열어 놓았던 창가
밝은 꽃잎이고 싶음이었다

아직도 시린 몸에 흐르는
참담한 당신 그리움 아는가

몸에 돋은 무수한 가시가
설마 목마른 당신 저어함이겠는가

벌떼 같은 모래사막 견디기 위함임을
당신만을 위한 속 깊은 기도의 절규임을.

제비꽃 사랑

내가 걷는 길에는
어김없이 당신의 모습이 있습니다
이미 내 가슴속에 자라나
내가 볼 수 있는 날이나
볼 수 없는 날이나 뿌리 깊게 피어있습니다

아침에는 맑은 공기로 안겨와
하루를 시작하게 합니다
마시는 찻잔에도 푸르게 피어있습니다
당신의 뒷모습에도 맑게 피어있습니다
당신의 가는 길에 미소를 보냅니다

당신의 미소가 나를 웃게 합니다
당신의 말 한마디가 나를 선하게 합니다
당신은 나의 하늘입니다
나에게 흰 눈을 내려주시고
밝은 태양을 안겨주시고 시원한 녹음을 안겨줍니다

나의 사랑은 늘 피어있습니다
당신이 멀리 있으나 가까이 있으나
당신의 꽃으로 피어있습니다
당신에 의해서만 향기로워질 수 있는
당신에 의해서만 의미가 있는 꽃입니다

기다림이 깊어져 별이 될지도 모릅니다
그리움이 사무쳐 달이 될지도 모릅니다
보고픔이 간절하여 바람이 될지도 모릅니다
행여 지나다 작은 나를 보시거든
그저 환한 미소로만 응답해 주세요.

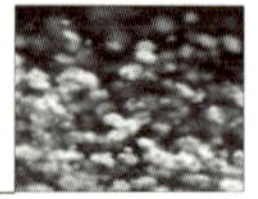

안개꽃

내 생에 참 기쁨을 안겨주신 그대여
그대가 힘들고 지칠 때
흘러가는 강 언덕 쉼터이고 싶었습니다

내 생애 참 행복을 피워주신 그대여
언제나 그대의 멀지않은 곳에
하얀 안개꽃으로 핀 맑은 배경이고 싶었습니다

나의 소중한 사람아
햇살이 눈부셔도 당신 만 못합니다
달빛이 찬란해도 당신 만 못합니다

당신은 나의 우주입니다
내 사랑의 중심이며 내 삶의 중심입니다
그대로 인하여 숨 쉬고 있는 영혼의 꽃입니다

언제나 그대의 물빛 배경이고 싶습니다
다시는 그대가 내 중심에 오지 못한다하여도
그대는 늘 내 삶의 중심입니다.

금잔화

새가 날개 펼쳐 날아간다
가볍게 아주 가볍게 날아간다
날아간 새의 발자국은 보이지 않는다
다만 존재하고 있을 뿐이다
풀숲에도 나뭇가지에도
공중과 들판에도

거리의 길이 일제히 통곡한다
발걸음마다 모래알이 밟힌다
별이 총총한데 흘러내리는 비
찬란한 슬픔이 퍼진다
날아간 새는 뒤돌아보는 일 없다
멈추어 서서 기다리지 마라

깊은 시름에 빠져 봤으니 알리라
얼마나 비참하고 아픈 것인지를
닫힌 창 열고 활짝 웃어봐라
너도 웃으면 예쁘다는 걸
너도 예쁜 생명임을 잊지 마라

한 번 날아간 시간은 오지 않는 법
한 번 돌아선 사랑도 돌아오지 않는 법
흘러가는 것도 아름다움이니
돌아가는 것도 아름다움이니
슬픔을 비껴 기쁨의 웃음 되어라
비탄을 비켜 환희의 生이 되어라.

진달래

겨우내 얼었던 마음 풀어
오직 당신에게만은 숨김없이
울긋불긋 속가슴 다 열어 보입니다
당신은 어떤 물결로도
내 속을 다 차지 할 수 있는
특별권한을 가졌습니다

바람이 스치는 외로운 골짜기
흐르는 계곡소리에도
연분홍 얼굴이 쫑긋 합니다
두근거리는 가슴
주체할 수 없는 마음은
온전히 당신만을 사모합니다

심장이 팍팍 타들어가도
붉은 장미로 피지 못함은
나 혼자만의 비밀입니다
당신을 사랑하는 것 보다
당신을 기다리는 마음이
더 행복하기 때문입니다

당신에게 부여된 특별권한으로
빗물로 오시어도 좋고
눈(雪)물로 오셔도 좋습니다
스쳐 지나는 바람으로 오셔도
흘러가는 구름으로 오셔도
오직 나에겐 영광의 빛일 뿐입니다

그대 발걸음 늦추지 마세요
내가 시들고 사라지면
그리움의 초록 잎만 무성해질 뿐입니다
내가 웃고 있잖아요
당신 때문에 내가 행복해 하잖아요
사랑의 마음은 우주를 안는 것이기 때문입니다.

지붕위에 올라간 민들레 꽃

지나가는 발길에 채여
사실은 많이도 꺽꺽 울었죠
속울음 보이지 않으려고
애써 태연한 척 했지만
숨길 수 없는 곪은 상처인걸요
가슴은 터져 버릴 듯 답답했고
산산이 흩어지는 심장은
절망덩어리였죠
머릿속도 하얗게 다 쉬어버렸고
바람이 부는 날은
공중을 하염없이 떠돌기도 하였죠
어느 날 무심코 지붕위로 올라오게 되었죠
처음엔 고공 공포증 같은 어지럼이 있었지만
살짝 발 놓고 바라 본 세상
풍경처럼 펼치진 길의 굴곡과 촘촘한 집들
생명들의 와글와글한 잡음까지
그저 그냥 바라보게 되었죠
옆에 있는 이끼도 원래는 땅에 있다가
자기도 지붕위로 올라오게 되었다나요

그늘진 응달에서 많이도 울었다네요
그래요 뜨겁게 울어보지 않은 삶을
삶이라고 할 수 있나요
생명이 달렸으니 때론 슬픔이 비 오듯 하고
고통이 해일처럼 밀려오기도 하는 거죠
지붕위로 올라와 꽃을 피워 보니 알겠네요
상처가 깊으면 그 자리를 떠나 보는 것
고통이 심하면 그 자리를 이탈 해 보는 것
그래서 보다 넓은 시야로 세상을 바라보게 되는 것
절망이라고 느꼈던 그것이 바로 희망의 시작이라는 것
절망도 마음먹기에 따라 꽃이 될 수 있다는 것
하지만 여기라고 비에 젖지 않는다는 보장은 없죠
폭풍이 몰아치지 않는다는 언약도 없는 거죠
그래도 이제는 처음처럼 깊게 상처를 안지 않겠죠
머리가 다 휘어지고 모진 바람에 또 허공을 맴돌다가도
맑은 물가 길섶에 사뿐히 내려앉는 법도 터득한 거죠
또 다시 수많은 발길에 밟혀 울음이 나도
웃음으로 바꾸는 기술도 연마하게 된 거죠
모진 겨울도 견디어 내고 비바람도 이겨내어
봄이면 어김없이 노란 꽃 한 송이로 피어날 것을
또 한 번 다짐장 써 봅니다.

달맞이꽃

허락 없이 뿌리마저 송두리째 흔들어놓고
시치미 떼는 얄미운 사람아
당신 얼마나 사랑하는지는 비밀로 두겠어요
그저 달님이 보고팠다고만 할게요

언젠가는 다시 피어날 사랑아
당신 얼마나 기다리고 있는지는 침묵하지요
그저 계절이 피었다가 지는 꽃잎이라고만 하지요
꽃이 지기로서니 마지막 시간은 아니어요

별빛만 보아도 순수 영혼의 깃발 나부끼는 걸
달빛만 안아도 활짝 피어나는 애틋한 사랑의 노래
아마도 무심한 당신은 모르시겠지요
아마도 알고도 모르는 척 그러시는거죠

말하지 않아도 느낄 수 있고
말하지 않아도 하나 될 수 있는
심오한 영혼의 나래타고 우주를 여행해요
당신과 나 그렇게 한 평생 살아요.

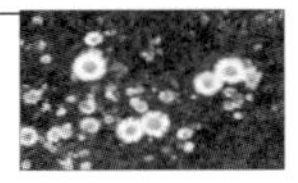

꽃의 말씀

내가 아름답기로서니
영원하지 않음이요
내가 지기로서니
영원한 죽음도 아니어라
내일이면 진다는 것 알기에
활짝 웃어 보이는 거요
내 미소 아름답다 부러워 말고
오늘 그대도 활짝 웃어보구려
세상이 아름다워 보일 거요
내가 진다고 서러워마오
때 되면 다시 피어나리오
그대도 시간 되면 지고 마오니
찡그리지 말고 활짝 웃으며 사시오
돌아보면 세월은 잠깐이오
내일 웃으려하지 말고
오늘 부터 웃으시오
그대가 가장 아름다운 꽃이오니
세상 부러울 것 없으리오
나 보다 더 그대 행복하소서.

삶의 시소

내 삶의 터에 놓인 마음의 시소
하루도 그것을 타지 않은 날이 없었다
어느 날은 생과 사의 팽팽한 대립으로
어느 날은 희망과 절망의 치열한 싸움으로
멈추지 않는 기울기를 반복하였다

생을 포기하고 싶다가도 살아야겠다고
살아야겠다고 기를 쓰다가도 죽음을 바라보았다
눈물이 비처럼 쏟아져 온 몸이 젖었다
깡마른 희망에 사막의 모래알에 엎드렸다
갈수도 멈출 수도 없는 아득한 거리에서 삶을 추구하였다

생의 무게가 더 나가면 사는 하늘을 우러르고
사의 무게가 더 나가면 생은 하늘을 바라보았다
잠을 자다가고 잊고 싶은 상처의 기억
누군가는 타인의 아픔으로 밥을 먹고
누군가는 타인의 고통을 안주로 살고 있다

산다는 것이 늘어진 고무줄처럼
세상에 타협하고 사는 것인가
버리고 비운다는 것이 얼마나 힘겨운 것인가
몸과 마음에 걸쳐진 옷들을 다 벗어버리고
비움으로 살아가기 그리 쉽던가

때로는 눈이 떨어져 나갈 듯이
때로는 다리가 휘청거리며 비틀비틀
숨 쉬기보다 숨이 멈추기를 더 바라기도 하였다
너무 소중하게 다룸은 상처가 더 크다
너무 깊이 새기면 지워지지 않는다

물같이 바람같이 흘러가야 하리라
삶이 그리 오래지는 않을 터
상처에 너무 오래 머무르지 말아야 할 터
어제의 무게를 덜어버리고 비움을 위하여
웃음하나 달랑 들고 오늘은 무전여행이라도 떠나야 하리.

살아가기

1.
오늘 하루도 숨 쉬는 것이 버겁다
가슴에 박힌 모래알 깔깔함 사이로
웃어도 자꾸만 눈물이 흡입된다
가슴속 말들을 밖으로 데리고 나가
공원의 벤치나 오솔길을 걷게 하고 싶다
안에 가두어 두어야만 하는 이유가 없지 않는가
누구를 위하여 인내의 탑을 쌓아야 하는가
기차를 타고 강물줄기 내려다보며
허공으로 다 쏟아버리고 싶기도 하고
배를 타고 바다 위 갈매기에게
먹이로 날려주고 싶기도 하다
비도오지 않는데 쏟아지는 잿빛 구름
소낙비 되어 어딘가로 뚝뚝 떨어지고 싶다

2.
침략하는 자들은 그들의 잔인성을 모른다
목적지만 점령하면 되는 일이니까
밥을 먹기 위하여 비밀암투를 하는가
짓밟히는 땅에도 꽃은 피는가
울컥울컥 소화되지 않는 세상으로
마음이 헐고 구멍이 난다
짜여진 각본에 의해 약자는 폐배자 되고
진실은 지하 동굴에 깊이 감금되는
인생극장 영사기는 잘도 돌아간다
관객은 박수를 치고 감동으로 도취된다
침략자의 깃발이 씩씩하게 펄럭인다
강해야 산다고 외치고 있다

3.
사랑한다고 마음 다 주지마라
돌아와 앉을 공간은 남겨두라
사랑은 흘러가는 물과 같은 것
어제는 사랑이라고 말하고
오늘은 사랑이 아니었다 말한다
그래도 죽음보다 강한 것이 사랑이 아닌가
사랑하다 죽어도 좋을 사랑이라면
한 번 쯤 모든 걸 던져도 좋으리라
사랑이 가고 나면 평생을 수리해도
메워지지 않을 커다란 구멍이 날게다
영원한 사랑은 짝사랑 뿐

4.
철없는 사람은 순수하다
순수하기 때문에 상처가 남보다 더 크다
그 상처로 모든 걸 잃을 수도 있다
계산 할 줄 모르기에 늘 손해를 본다
철 있는 사람은 현실적이다
현실적이기 때문에 상처가 나도 빨리 아문다
계산 할 줄 알기에 손해를 보면 빨리 빠져 나온다
철이 없으면 철분을 보충하고
철이 많으면 비타민으로 커버를 하면 좋으리
이성과 감성이 화합된 듀엣의 토운이 좋으리

5.
잃기 싫은 것들의 상실로
마음이 한 곳으로 모아지지 않는다
상처가 깊이 패인 자리엔
아무것도 약이 되지 않는다
오직 하나 밖에 없다는 사실은
나를 더욱 깊게 절망시킨다
나의 의지로 견딘다는 것이
너무나 힘겨운 싸움임을
나를 견딘 다는 것이
너무나 가혹한 무게임을
창문을 닫고 공기도 탁해져가는 공간에서
나는 죽어가고 있는지도 모른다

6.
미안하다
나의 존재로 상처받는 사람에게는 미안하다
나는 철이 없을 뿐 더러
진실하지 않은 것은 싫다
나는 모든 것을 잃었고
웃음을 잃어가고 있다
나의 입술은 굳게 닫혀져가고 있고
키보드만이 나의 말을 하고 있다
내 속에 갇히어진 말의 무게로
힘을 잃어가고 있다
외치고 싶은데 현실은 나를 가둔다
개미의 허리를 마음대로 부러뜨려도
머리를 잡아떼어도 진실은 남으리라

7.
한 곳은 세금도 못 내고 있는데
자고나면 몇 천 씩 불어나는
집값은 무슨 소동인가
거품 같은 세상 속에 집착하면 못사느니
거품이 빠져 나가는 사이
기둥이 무너질 지도 몰라
역사나 문학도 왜곡하지 마
그러면 영혼이 너무 아프잖아
요즘은 속옷 디자인의 겉옷이 많다지만
타인의 속옷을 자신의 겉옷으로 삼지마
왜곡의 밥을 먹고 타인의 속옷을 빼앗아 입으면
왜곡의 문화가 형성되고 왜곡의 역사가 이루어지고
결국 그토록 얄미운 왜인이 되는 거잖아
세상바퀴가 요란하게 돌아간다는 건 녹이 슬었단 말이야
새벽기차처럼 산길을 달리는 푸른 바퀴였으면

8.
하늘은 높고 푸른데
선인장 가시에선 둥근 눈물이 흘러내린다
자신도 모르게 온 옴에 돋아난 가시는
살아오며 살아가기 위한 보호본능이다
처음부터 가시가 무성했던 것은 아니다
하늘의 별을 동경하고 푸른 달빛 理性안으며
새벽공기속의 풀벌레 울음소리를 좋아했다
아침햇살의 찬란한 빛의 고마움을 알고
비오면 빗소리 음악에 취해도 보고
눈 오면 눈 나래타고 첫사랑 기다려 본적도 있다
호수의 비단물결 짜서 고요의 꿈을 입기도 하였다
누군가 겨울 동화를 무너뜨렸을 때 현실은 비참하였다
피눈물 흘러내린 마음가지에선 날카로운 가시가 돋았다
가시도 가끔은 따뜻한 눈물 흘림을 알았다

9.
어떤 날은 입안으로 먹이 조각 하나
집어 넣어주는 일도 힘겨운 날이 있다
뒷골에선 영양 부족이라고 어지럼을 유발하고
두 눈은 영상을 희미하게 처리하고
가슴 어디선가는 구토증세가 도진다
산다는 것의 무게로 주저 앉고 싶을 때
진정 삶의 끈을 놓아버리고 싶을 때
누군가의 말 한 마디는 특급 영양이 될 수 있고
누군가의 비소 한 조각은 일급 등불이 될 수도 있다
하지만 진정으로 자신을 일으켜 세우고
포기하지 않는 삶의 길 걸을 수 있는 것은
자신의 의지이다 낭떠러지 앞에서 꼼짝 못할 때
누군가 잡아 주는 손은 삶의 재생일 수 있으며
누군가는 존재자체만으로도 절대 희망일 수도 있다
살아야 하는 이유와 삶의 의미가 될 수 있다
이 세상 어딘가에는 나를 지켜보는 존재 있으니
삶의 길을 꿋꿋이 걸어가야 하겠다

10.
누구나 한 번 쯤 눈길을 걸어보았다
아무도 걷지 않은 하얀 눈 위를 똑바로 걸어보았다
뒤돌아보면 왜 그리도 꾸불꾸불 한 흔적인지
오늘의 아픔도 어제의 방에선 왜 그리 그리운지
내일은 기다리지 않아도 오고 있고
가는 길이 꾸불꾸불 하여도 언젠가는
종착역에 도착하게 되어있다
무엇을 그리 집착하고 무엇을 그리 아파하는가
훌훌 털어 새떼 깃털처럼 가벼워지면 얼마나 좋을까
구름과 바람처럼 흘러가면 얼마나 좋을까
인간이기에 흐느끼는 고통의 몸부림
타인의 가슴에 상처주지 않고 자신의 마음에
거짓 없는 충실함으로 하루를 걸어가야지 않을까

11.
폐허 된 마음의 절망을 버리고
흐트러진 이성 조각을 맞추어
새롭게 마음 밭을 일구어보려고
하루하루 핏기가 사라져가고
얼굴엔 윤기가 메말라지는 것은
마음의 창을 닫아두어
맑은 공기가 차단되었기 때문이다
살아온 날들의 상처로 살아갈 날 들까지
숨이 막히면 되겠는가
모든 마음의 욕심을 버려야 한다는데
버리려하면 더 달라붙어 버리는 생의 무게
빈 들녘의 바람처럼 그냥 스치는 것도
편안한 삶을 사는 한 방법이라고
스치려하면 할수록 더 생생하게 머무르는
비워야 산다네
미움도 원망도 슬프도다.

꿈

나무 향기처럼 다가와 나를 쉬게 하는 이여
나는 그대로 인하여
바람에 흔들리는 나뭇잎 됩니다
순하디 순한 영혼의 호숫가에 머물다 갑니다

싱그러운 햇살 입맞춤할 때면
온 세상이 눈부시도록 아름답게 보입니다
작은 이슬방울 맺히게 되는 날엔
더욱 파란 호수가 비단물결 됩니다

비단 물결로 당신의 옷을 짜서
멋진 당신에게 입혀드리고 싶습니다
마음이 통하고 영혼을 움직이게 하는
아주 특별한 옷을 사랑하는 그대에게 드리렵니다

기꺼이 받아주시고
파란 물결 파란 하늘 노니는
원시의 호숫가에서
그대와 나 행복하게 살았으면 좋겠습니다.

욕심쟁이

사람의 행복은 어디에서 오는가
그 발자국은 마음의 진실에서 오는 것이다
진실이 아닌 시간은 자신이 아니기 때문이다
나로 인해서이든 타인으로 인해서든
왜곡된 진실 속에 서있게 되면
마음은 울음타고 고통을 받게 된다
사람은 늘 진실하고 싶고 진실하기를 원한다

누구나 꿈을 꾸며 살아간다
타인에게 해가되지 않고
진솔한 마음의 꽃이 되고 싶은 거다
하늘의 별을 보면 마음이 밝아지고
들풀을 보면 가슴이 향기로워지고 싶은 거다
마음이 맑은 사람을 보면 닮고 싶고
바다를 보면 살고 싶어지는 거다

인생의 마라톤을 하다보면
험준한 산과 높은 언덕이 있다
세찬 비바람도 있고 거친 해일도 있다
무릎 꺾어 쓰러져 버린다면 그것은 죽음이다
살아도 사는 것이 아니리라
산다는 것은 고난의 연속
장애물을 다 통과해야만 마지막 웃음 지울 수 있으리라

사람은 누구나 살고 싶은 거다
타인에게 짓밟히지 않고 인간답게 살고 싶은 거다
사람과 사람사이에 놓인 다리가
진실과 믿음으로 서 있다면 그것이 행복이리라
가는 길이 바쁘고 험해도
가는 길이 죽음의 장애물이 놓여 있을지라도
자신과 타인의 마음에 진실의 돌을 놓으며 걸어야하리.

오늘

어제를 바라보다
오늘을 느끼지 못한다면
내일은 그대에게 안기지 않을 거예요
어제는 다시 돌아올 수 없는 것
오늘은 지금 이 순간
내일은 기다리지 않아도 오고 있는 것
오늘이란 선물을 받고도
선물이라 여기지 못하는 것은
반복되는 시간의 연속선상에 놓여
그저 당연시하기 때문인 거죠
때론 무관심으로 거들떠보지도 않죠
오늘도 섭섭함이 있을 거예요
왜 어제만 바라보냐고 질투도하고 싶겠죠
내일은 오다가도 삐짐하고 돌아설 수도 있죠
그대여 오늘이란 선물을 감사히 받아요
지나간 어제로 오늘을 외면하지 말아요
오늘을 사랑해 주어요

그건 그대를 행복하게 하는 지름길이죠
그대가 그것을 깨닫기까지는
1년이 걸릴 수도 있고
10년이 걸릴 수도 있고 평생이 걸릴 수도 있죠
그대에게 충고하는 말은 아니예요
지나간 어제로 계속 아파하거나
상처가 더 깊게 파여진다면
그대 몸만 망가질 뿐이예요
오늘이란 이 하루가 얼마나 소중하고
또한 아름다운 선물인지를 알게 된다면
그대의 삶은 보다 향기롭고 부드러워지며
비 개인 오후처럼 상큼한 내일이 걸어와
안김을 느낄 수 있을 거에요
지금 이 순간부터 오늘을 잘 키워보기로 해요.

내가 바라는 사랑

차 한 잔 마주하며
바라만 보아도
가슴 뛰는 설레임이고 싶다

비오는 날이면
동그란 빗방울 수만큼
보고픈 얼굴이면 좋겠다

초록의 싱그러움
한 다발 엮어서
안겨주고픈 푸름이고 싶다

마음 다 열어 보여도
부끄럽지 않는
소낙비 열정이고 싶다

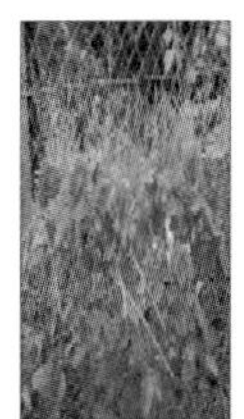

하얀 조가비 속
진주의 눈물 고인
하얀 맑음이고 싶다

내일 또 내일이 와도
잊혀지지 않는
진한 그리움이고 싶다

늘 생각 속에 찾아와
다정한 얘기 나누는
진정한 친구이고 싶다

눈빛 하나만으로도
서로의 마음 읽을 수 있는
감미로운 노래이고 싶다.

겨울비 내리는 새벽에 녹차를 타고

메마른 나뭇가지
어둑한 보도블록 위로
차가운 겨울비가 새벽시간 타고 내려온다

놀란 잠 달아나고 반쯤 연 커튼사이로
동그란 시야에 펼쳐진 찡그린 하늘
아직도 못다 한 얘기 먹장구름으로 쌓여있고
진한 회색빛 우수 흐릿한 여명 속에 자욱하다

커피 한 잔 향기로움에 취해보고 싶은데
단 한 번의 입맞춤으로도 찾아오는 아찔한 불면
초이스는 파릇한 녹차에 몸을 싣는다

기다림 끝에 만난 연인의 향기 되어
지워도 지워지지 않는 라일락 미소되어
은은하게 울려 퍼지는 새벽 종소리

산다는 것은 새벽기차를 타는 것이 아닐까
비록 절망의 터널이 길게 가로막고 있을지라도
비록 당도하는 곳이 어둠의 저녁나라라 할지라도
이른 아침의 푸른 시간을 잡아타는 것이 아닐까.

주인 부재 중

주인님 어디에 가셨나요
출장 중이신가요
유배중이신가요

지금 그대는 누구인가요
대리라고요
대리모 대리번역 대리집필 대리 작가

누구를 위해
누구를 위한
누구에 의한
조작인가
왜곡인가
표절인가.

2부. 비를 좋아하는 여자

비를 좋아하는 여자

산다는 것은
고통의 바다
허우적거리는
삶의 욕망과 허무

빼앗긴 마음의 뜨락에도
봄비는 내리는가
가을비 내리는 어느 바닷가에 서 있는
비를 좋아하는 여인

아름다운 것만 심어 놓고
물을 주고 비를 받아
꽃을 피우자고
아픈 가슴 비에 흠뻑 씻긴다.

비를 좋아하는 여자 중에서

비를 좋아하는 여자

아침부터 비가 쏟아진다
출렁이는 바다가 사납게 으르렁거리고
세차게 내려지는 빗줄기
여인의 가슴에 젖는다

폭풍처럼 휘몰아치는
비바람 물줄기 속에
마음의 비가 쏟아져도
아무도 그 눈물 알지 못한다

산다는 것은
고통의 바다
허우적거리는
삶의 욕망과 허무

빼앗긴 마음의 뜨락에도
봄비는 내리는가
가을비 내리는 어느 바닷가에 서있는
비를 좋아하는 여인

아름다운 것만 심어 놓고
물을 주고 비를 받아
꽃을 피우자고
아픈 가슴 비에 흠뻑 씻긴다.

나의 우산이 되어 주실래요

하염없이 비가 내리네요
주체할 수 없는 먹장구름
견딜 수 없는 슬픔의 바람이
소낙비 되어 쏟아지네요

온 몸이 흠뻑 젖고
온 마음이 휘청거리는
어찌할 수 없는 生의 진통
씻기지 않는 붉은 상처의 혼돈

당신 나의 우산이 되어 주실래요
그저 곁에 서 있기만 해도 힘이 되고
그저 바라만 보아도
미소 짓게 하는 당신이

당신만 생각하면
비오는 세상 걸어 다녀도
외롭지도 춥지도 않을 듯 싶네요
오직 당신에게만 흠뻑 젖고 싶네요

당신 이미 내 가슴속 우산이네요
비 그치고 햇살 밝은 날에도
잃어버리고 싶지 않는
소중한 보석처럼 펼쳐 있네요.

비오는 날에는

비오는 날에는
너에게 달려가고 싶다
너의 담벼락에
젖는 한 줄기 그리움이 되고 싶다

비오는 날에는
너의 길목에 서있고 싶다
너의 빈손에
꽉 잡히는 파란 우산이 되고 싶다

비오는 날에는
너의 뜨락에 피고 싶다
너의 창문에서
바로 보이는 빨간 장미의 꽃잎이고 싶다

비오는 날에는
너에게 하얀 편지를 쓰고 싶다
할 말이 너무 많아
그저 잘 있느냐는 안부 한 줄이라도 띄우고 싶다

비오는 날에는
너와 내가 비를 타고
아득한 전설의 나라 가고 싶다
내가 그려놓은 사랑의 동화를 읽어주고 싶다

비오는 날에는
너에게 흠뻑 안기고 싶다
대지를 적시는 빗물처럼
나의 사랑을 너에게 안기고 싶다.

창밖에 비가 내리네요

대지에 수놓이는
맑은 빗방울 소리
젖은 속 감침질하네요
이 빗소리 듣고 계시나요
누군가 기다려지시나요
그대에게 달려갈까요
그대 달려오실래요
빗물 타고 달려가면
금방 도착 할 거예요
창밖을 보세요

평화로운 합창소리 보이시지요
리듬 같은 아름다운 풍경 들리시지요
대도 비오는 날이 좋으신가요
비오는 날이면
그대 더욱 보고 싶어
빗방울이 그대 인냥 꼭 안고 말아요.

그대도 그리우신가요
생각하면 행복하신가요
우리 비되어 만나요
천상의 눈물 되어
달콤한 입맞춤이 되어요
동그라미 빗방울 되어
맑은 사랑 되어요
너무 사랑하는 그대
나의 빗물이 되신 그대
창밖에 비가 오네요
그대 무진장 보고 싶어요
그대도 억수로 보고 싶으신가요.

비오는 날의 차 한 잔

약속 했잖아요
비오는 날
창밖이 보이는 카페에서
차 한 잔 사 준다고

잊으셨나요
그저 스쳐하신 농담이셨나요
비오는 날에는 왠지
전화가 걸려올 것 같아요

전화드릴까요
빨간 전화기가 유난히
가슴을 아파했던 기다림
울릴 듯 울리지 않는 약속한 벨

비오는 날이 좋은 것은
빗소리가 다정해서일까요
빗방울이 그려내는 맑은 동그라미 속에
보고픈 얼굴이 담겨지는 까닭일까요

비오는 날은
아직도 왠지 그대 오실 것만 같아요
차 한 잔 사준다며
전화벨을 울릴 것만 같아요

生의 단 한 번은
비오는 날의 차 한 잔 행운에
당첨되지 않을까요
아마도 행복이 비처럼 쏟아지는…

램의 연가

머릿속 기억이 모두 사라진다면
그래서 백지처럼 하얀 빈 마음 된다면
거기에는 무엇을 담을까
흘러가는 하얀 구름
부드러운 하늬바람
그리고 수줍은 풀잎을 담아야지

머물러 있다는 건 삶이 아니야
머물러 있다는 건 노래가 아니야
하늘거리는 맑은 느낌 그것이 삶의 향기인 거야
바람 따라 구름 따라 흐르는 것
바람 따라 구름 따라 흔들리는 것
그래도 뿌리를 곧게 하고 하늘 우러러보는 거야

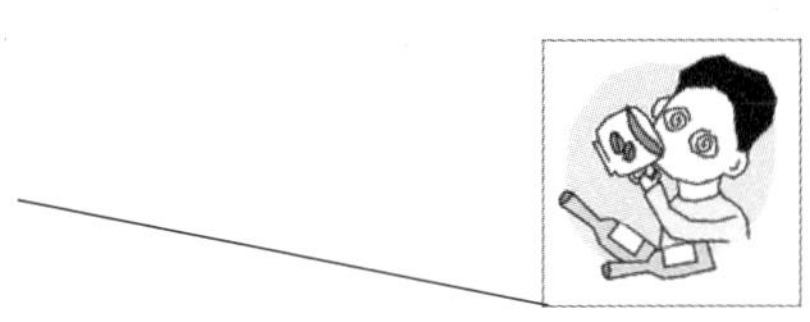

머릿속 기억이 모두 사라진다면
그래서 하얀 눈처럼 빈 마음 된다면
거기에 담아야 할 것 추가
사철나무, 소나무, 대나무 등 나무를 심겠다
수선화, 아이비, 허브 등꽃을 심겠다
그리고 참새, 종달새, 뻐꾸기를 부르겠다

마음의 정원에 봄비 내리고
여름태양 바다에 누워 푸름 노래하고
가을이 달려와 산천을 불태워도 좋아
떠나간 빈자리에 다시 하얀 눈 내려도 좋아
다시 나무와 꽃을 심고 새들을 부를 거야
구름과 바람을 닮고 풀잎을 닮을 거야.

봄비가 내린다

봄 비! 속울음 타는 대지위로
수줍던 발걸음 용감하게 달려온다
겨우내 참았던 앙상한 그리움의 뼈
달콤한 생수 피하기엔
초록의 엿보기 아우성이다
설레임을 비켜서기엔
앞 다투어 손 내미는 부드러운 촉감
나뭇가지에도 대지위에도 감응하는
깜찍한 연초록 입술
봄비와 프렌치 키스 즐기는데
폴짝폴짝 튀어나와 구경하는 비에 젖은 꽃잎
비 그치고 나면 상큼한 봄이
무럭무럭 자라나고
평화의 날개 단 생명
신록의 나라로 가리라.

찬 가을 비 내리는 날

당신 떠나고 찬 가을비 내려요
어제는 달콤한 빗소리
오늘은 방울방울 짠물이어요
당신 잘 있는지
당신 계신 곳에 달려가
우산 펼쳐 드리고 싶은데
어떡하죠 마음뿐이어서
차가운 빗물에 춥지는 않으신지
마음이 편하지 않아요

당신 떠나고 찬 가을비 내려요
어제는 반가웠던 빗소리
오늘은 방울방울 얼음알갱이어요
당신 편하지 않으실 텐데
달려가고 싶어도 갈 수 없어서
안타까움은 눈물이어요
당신에게 못다 한 마음
이렇게 아플 줄 몰랐어요
가고 없는 당신 꼭 오실 것만 같아요
찬 가을비 내리는 날.

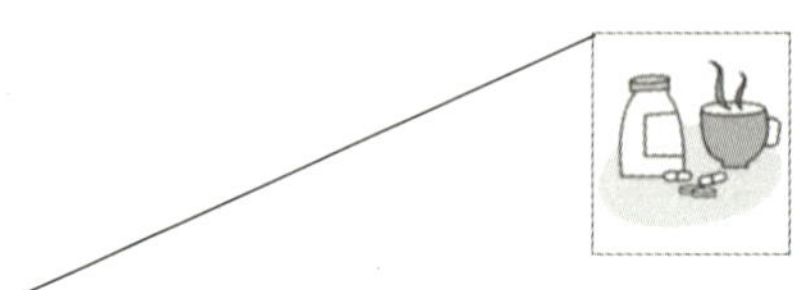

봄 비

찬바람 껍질 파고들어
속살까지 부도 나 버릴 까마득한 어둠
눈 뜨기도 눈 감기도 두려운 저 거친 파도
눈 감고 있어도 눈 뜨고 있어도 숨 막히는 질식
불면의 노 저어 밤새 뒤척이는 돛단배
하늘의 별은 반짝이는데 북극성은 희미하고
봄으로 가는 비밀 번호가 기억주머니에 없다
똑똑똑 창문 두드리는 소리
누군가 열어보니 너였구나
아직 겨울 코트 걸치고 왔지만
영락없는 봄 얼굴이구나
봄의 초대장 전하려고 달려온 거구나.

봄비 내리는 날

안개가 낮게 깔린 흐린 오후
이런 날이면 당신이 더욱 보고 싶습니다

지금 비가오고 있습니다
당신의 창가에도 빗방울이 떨어질 텐데요

사랑하는 사람아 이제 당신을 잊고자 합니다
그리운 사람아 당신이 잊혀지지 않습니다

대지를 적시는 저 비가 봄비라면
당신이 저 봄비처럼 내게 내려준다면

그대 없는 날들은 멍할 뿐입니다
다른 것에 무슨 의미를 둔다는 것이 싱겁습니다

나뭇가지에 움이 트는 날
당신이 더욱 보고 싶습니다.

가을비 우산 속

가을비는 나뭇잎 적시고
우산 속 나는 거리를 걷는다
허공 속으로 흐터질까 두려운
단풍 빛으로 달아오른 보고 싶다는 말
비에 젖은 나뭇잎은 웃고 있는데
마음에 젖은 그리움은 울고 있다

저 우주보다 더 견고했던
마음속 거대한 존재
그건 나를 지탱하는 힘이었다
나를 웃게 하는 유일한 기쁨이었고
나를 숨 쉬게 하는 근원이었다
그건 내 삶의 의미였다

가을비 우산 속으로 은행잎이 굴러온다
비에 젖은 은행잎 몇 장을 손으로 안아본다
분명코 울고 있는 것이 아니다
따뜻한 미소가 가슴에서 손을 펼친다
이 가을 날 그리움이 있다는 것은 행복이라고
누군가를 기다릴 수 있는 마음은 행복이라고.

겨울 밤비

너였구나
밤잠 깨운 이가
많은 할 말 가두어 놓아
가슴 여윈 내게 친구 되려는 거니
가로등 아래 모습이 추워 보이는데
새벽길 달려오다 외투도 못입었겠구나
떨어진 낙엽위로 네가 걸어오면
누구나 다 인생의 쓸쓸함을 걷게 된다고
우리도 언젠가는 떨어지는 낙엽 될 터인데
무엇 때문에 너무도 전쟁을 하면서 사는 건지
빼앗고 속이고 하는 것만은 없었으면
누구를 향해 우러름을 칭할 수 있을까
하늘은 푸르러도 마음엔 비가 내린다
찬 겨울비 그래 네가 주륵주륵 내리고 있구나.

비오는 날의 거리1

빗방울 소리가 귓가에 젖는다
어젯밤 축구경기 함성 하늘로 갔다가
대지에 내려와 기쁨이 동그라미 그린다
승리의 축배를 위하여
젊음의 함성을 위하여

어제 광장에 사람이 모였다
용솟음치는 열기 열정의 필드
두 손이 만나서 이루어지는 소리
머리띠 위에 반짝이는 붉은 도깨비 불
솟아나는 순수의 액기스

사람들의 함성이 이렇게 아름다운가
사람들의 응원이 이렇게 뜨겁던가
사람들의 열정이 이렇게 맑음인가
사람들의 발걸음이 이렇게 통통한가

오늘은 비가 대지에 내린다
슬픔의 비가 아닌 기쁨의 비가
가로수가 두 팔 벌려 만세하고
메말랐던 사람들의 감성에
맑은 청량제가 쏟아져 안긴다

새들이 즐겁다 노래하고
풀잎도 미소로 팔랑이고
나무도 소리 내어 웃는다
비오는 거리에 내 마음에도
푸른 함성의 잎이 무성하다.

비오는 날의 거리2

초록물결 일렁이는 시간의 선상에
하늘에서 떨어져 내리는 물방울이
타는 목마름을 적셔준다

속이 시원하여야할 텐데
가슴이 탁 트여야할 텐데
알 수 없는 현기증이 가는 길 위에 쓰러진다

비가 내리는 거리는
온 종일 걸어 다니고 싶다
초록의 물결을 마음껏 안아보고 싶다

시간은 신록을 품고 가는데
나의 공허는 어디에서 터져오는가
비 내리는 거리는 그리움을 쏟아놓는다

사랑하는 마음보다
더 쑥쑥 키 크는 보고 싶은 마음의 가지
비 내리는 거리는 기약 없는 기다림의 약속

그대가 보고 싶다
비를 타고 달려가면 그대는 그곳에 계실까
푸른 나뭇가지에 비 젖은 새한 마리만 울고 있다.

새벽비1

세차게 내려치는 새벽 비에 눈을 뜹니다
아릿한 눈물고인 마음 우는가봅니다
저리도 슬피 울고 있습니다

바람이 불어오고
멈추지 않는 빗줄기 붉게 붉게 울고 있습니다
견딜힘이 없는데 찬비만 하염없이 온 몸 적시웁니다

이별인 줄 알면서도
미련을 하늘에 걸어두고
뼈가 녹는 눈물 흘리고 있습니다

무심한 바람은
그저 스치고 지날 뿐입니다
세찬 빗물도 말없이 울고만 있을 뿐입니다

이제 오늘만 울겠습니다
오늘만 하늘만큼 슬픔을 쏟아내고
다시는 울지 않겠노라 비에 젖은 나뭇잎에 새깁니다.

새벽비2

그대 어서 오세요
이른 시간 맑은 그대 오시니
나도 따라 맑은 눈물 흘러요

인생은 왜 이렇게 아픕니까
그대 맑은 입김으로
나의 타는 가슴 적셔주세요

잊지 못함 잊었다 해 본들
머릿속은 너무도 선명한데요
인생은 왜 이렇게 아립니까

그대 맑은 입김으로만
나 살 수 있습니다
오직 푸른 영혼으로만 살게 해 줘요.

빗소리를 들어보아요

쏟아지는 빗방울 소리에
여린 가슴이 콩닥거립니다
왜 이렇게 자꾸만 그대
보고 싶어지는지 모르겠어요

그리운 마음은 벌써
그대창가 두드립니다
그대 창문 활짝 열어
빗소리 안아보세요

사랑이 녹아있는
포근한 풀 향기 들려오지 않나요
가슴이 편안해지는
달콤한 꽃향기 보이지 않나요

비오는 날에는 비가 되어요
너무도 그리운 마음이
너무도 사랑하는 마음이
그대를 한 없이 내 속으로 쏟아 넣어요.

7월의 비가(悲歌)

파도가 가만히 있지 못하는 것은
달의 유혹 때문일 게다
처절하게 자신을 부서뜨리면서도
멈추지 않는 영혼의 노래는
사랑의 마음이 가득해서일게다

7월의 태양은 뜨거웠으나
내 사랑의 번지수는 북극이었다
얼어붙은 빙하만이 대지위에 꽃을 피웠다
쏟아지는 슬픔의 봇물을 막을 수는 없었다

쌓이는 시간 속에 멀어져가는 거리
바람소리는 머물지 않는 법
7월의 하늘에서는 비만 내렸다
매일 같이 온 종일 궂은비만 내렸다
반대편 태양이 힘차게 웃고만 있을 때...

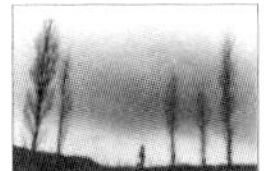

비창(悲唱)

마음 펼쳐 보일 수 있는 그대가
너무도 멀리 떠났습니다

다가갈 수 없는 거리
나는 창을 닫은 벙어리입니다

참새 되어 재잘 되던 그대에게
벙어리 바이올린만 켭니다

날이 갈수록 찬바람은 싱싱하고
봄노래는 아득하기만 합니다

얼음장 밑으로도 물은 흐른다는데
그대와 나 사이 영영 꽁꽁 얼음인가요.

3부. 파라다이스

파라다이스

하늘과 바다와 구름과 바람이 하나 된 섬
내가 그것과 하나 된 듯 하나 하나 되지 못하는 것은
내 속에 또 다른 섬이 있기 때문이다
출렁이는 그리움 능선 너머
한 세월 달려야만 당도할 수 있는
작고 푸른 섬이 있기 때문이다
하늘에다 편지 쓰고 바다위로 안부 띄워도
소식한 장 없는 아릿한 짠 눈물
터질 듯한 보고픔 폭발하여 구멍이 숭숭나 버린 바위가슴
기다림이 퇴적되어 절벽이 되어버린 심장

파라다이스 중에서

돌아가고 싶은 날들의 풍경

잃어버린 영혼의 세계
그것은 나의 절대였다
그것 하나로 나의 삶을 지탱해왔다

꿈꾸어 온 희망의 등불
살아있음의 의미
내가 숨 쉬고 살아감의 뿌리였다

사계절 단 하루도
촛불 켜 두지 않은 날이 없었다
겨울 비바람에도 뿌리는 흔들리지 않았다

가시밭 길 사막 길에도
목마르지 않은 오아시스였다
싱싱한 샘물 뿜어져 나오는 삶의 우물이었다

하늘에 빛나는 북극성이었으며
땅에 피어있는 늘 푸른 소나무였다
아침이슬처럼 내 마음에 내려오는 산소 방울이었다

단 한 순간도 무너져 버릴 수 없는
내 영혼의 심오한 세계
그 안의 주인의 당신이었다

당신만 생각하면
내 영혼은 아름다운 마음으로 이끌어졌다
모든 삼라만상이 당신을 통하여 펼쳐졌다

심오하고 맑은 절대 고독 속으로
돌아오지 않을 여행을 가고 싶다
내 잃어버린 영혼 찾아 꼭 안아보고 싶다.

방황의 레일

흐릿한 겨울 오후
레일 바퀴에 마음 싣고
비 내리는 어둠을 달린다
어디로 달려가고 있는가

모든 것에 귀차니즘이 걸린 지금
찬란한 불빛마저 타는 울음이다
누가 나를 이토록 저리게 하였는가
누가 나를 이토록 흔들어 놓았는가

하염없이 달려도 내릴 정거장은 없다
어디쯤 레일 밖으로 이탈하고 싶은데
아, 갈 수 없음의 절망감
두 발을 꼭 감고 스쳐지난다

창가에 들어오는 모든 풍경이
그대 얼굴이면 좋겠다
정거장 마다 울리는 안내 멘트가
그대 목소리였으면 좋겠다.

사무침은 안개 강에 진을 치고
나는 까만 숟뎅이 섬이 되었다
푸른 그리움 강에 빠져 죽고만 싶다
아, 평생 그리워해야 할 그대가 두렵다.

겨울나무

잎이 떨어졌기로서니
가슴마저 멈춘 것은 아니외다

머리에서 발끝까지
속에는 푸른 물 흐르고 있다오

북풍한설 몰아쳐도
쓰러지지 않을 인내 등 켜 있다오

다시 잎 돋고 꽃피울 그날까지
침묵으로 시간을 살찌울 테요.

파라다이스

하늘과 바다와 구름과 바람이 하나 된 섬
내가 그것과 하나 된 듯 하나 하나 되지 못하는 것은
내 속에 또 다른 섬이 있기 때문이다
출렁이는 그리움 능선 너머
한 세월 달려야만 당도할 수 있는
작고 푸른 섬이 있기 때문이다
하늘에다 편지 쓰고 바다위로 안부 띄워도
소식한 장 없는 아릿한 짠 눈물
터질 듯한 보고픔 폭발하여 구멍이 숭숭나 버린 바위가슴
기다림이 퇴적되어 절벽이 되어버린 심장
쿵쾅거리는 뜀박질 속에
내가 살아있다는 것은 신비로운 일이다
나는 힘겨운 오르막길에서도 팔팔 살아있다
쓰러져있으면서도 씽씽 달리고 있다
하늘을 안아보고 바다에 누워보아도
구름 타고 바람에 시간을 맡겨보아도 완전하나 되지 못함
그것과 하나 되려면 하나의 존재가 더 있어야함
하늘과 바다와 구름과 바람과 나 그리고 그대여만 함.

바느질

온 몸과 마음이 터져 구멍이 났다
상처가 괴어 피울음이 엿보인다
바람과 태양이 다가와 위로 하지만
도무지 상처는 웃지를 않는다

심장이 까맣게 타들어간다는 것을
가슴이 무너져 숨 쉴 수 없다는 것을
노래하는 참새들은 모르리라
흐르는 구름도 모르리라

울지 말아야한다
바람 타고 오솔길 걸어보리라
구름 타고 미루나무에 올라보리라
안개구름 산허리에 올라보리라

시퍼런 멍울로 울음 우는 상처를
맑게 공그르기 하기 위하여
아무도 모르게 밝게 치유하기 위하여
허물어진 이성을 알차게 박음질하기 위하여.

약손

떼구르르 뒹구는 복통에도
까치야 까치야 노래 닿으면 괜찮아진
기적 같은 님의 손 이젠 볼 수 없습니다

봄 온다고 그 손맛 돌아오겠습니까
꽃 핀다고 그 미소 다시 피어나겠습니까
평생 타인위해 적셔간 세월

마른 잔디가 바람에 울고 있습니다
봄빛 비추어도 깨어날 생각이 없습니다
곧 진달래랑 할미꽃도 피어날 텐데요

잔디도 마음 바꾸어 파릇해 지면
초록편지에 당신 음성 담겨있을까요
당신 오신다는 전갈 담겨있을까요.

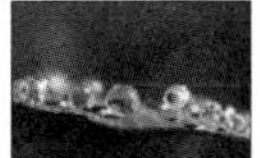

뜨거운 눈물

뜨거운 눈물은 약입니다
몸속의 불순물을 녹여
비온 뒤 게인 날씨를 만듭니다

울음도 얼어버릴 때가 있습니다
너무도 슬프고 아파서
꽁꽁 고드름이 될 때가 있습니다

눈물을 흘린다는 것은
살아있다는 증거입니다
얼어버린 눈물 녹이는 것은 진실입니다.

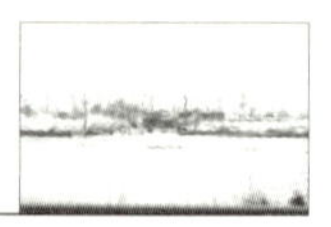

흔적

어제를 돌아보면 그가 도장을 찍고 갔다
오늘도 이 순간도
시간이 굴러갈수록 지워져 가는가하면
더 또렷해지는 게 있다
날선 흔적에 가슴 베이기도 하고
붉은 핏 자국에 고통을 과식하기도 한다
행복이 영양실조에 걸리기도 하고
삭제 버튼 눌러도 삭제 불가함 창이 뜨기도 한다
아예 고슴도치 풀처럼 심신에 달라붙을 수도 있고
오랜 시간 속에 익은 소중한 진주가 될 수도 있다
싸리비로 훌훌 쓸고 싶은 것도 있고
오늘 지울 수 없는 것은 내일도 동행해야 한다
그 생각만으로도 기쁨 주는 것이 있다면
조금씩 아껴 그 소중함이 바래지 않게 할 일이다
지워야 할 흔적은 빨리 지워버리고
버릴 수 없는 필름도 살다보면 잃어지리라
너무 살을 깍지 말고 슬픔의 꽃 키우지도 마
이제는, 자신을 꼭 안아 줄 일이야
찬 겨울 예쁘게 견뎌 내는 것도 살아가는 일이야.

빗질

잔뜩 헝클어져 있다
상처로 가득 산발한 마음
단정히 하지 않으면
드라큘라 얼굴이 된다
피를 흘리는 입
스산하게 웃는 뾰족한 덧니
온 마음에 돋아난 가시
고통의 커다란 덩치
이성의 핀으로 자신을 바로 세우고
감성결이에는 감사를 걸어 놓아야한다
분노와 원망 미음의 때를 씻기 위하여
푸른 바닷바람에 잘 감기우고
맑은 산 공기로 잘 린스 한다면
촉촉하고 부드러운
마음결이 되지 않을까.

낙화의 마음

가장 아름다울 때
떨어져야하는 아픔을 이제야 알겠어
가장 행복할 때
돌아서야 하는 고통을 이제야 알겠어

떨어져가는 아픔을 내색하지 않는 네가
더 아프다는 것을 이제야 알겠어
돌아서야하는 고통을 내색하지 않는 네가
더 고통스러워한다는 것을 이제야 알겠어

그냥 쉽게 떨어지는 줄 알았어
그냥 쉽게 돌아서는 줄 알았어
너를 닮는다는 것은 나의 꿈이었나봐
아름답게 떨어지는 모습
행복한 듯 돌아서는 모습은 초연이었어.

너무 보고 싶은데 어쩌나

당신의 몇 마디로 몇 날을 살고
당신의 단절로 나는 죽어간다

여자는 떠나도 더 그립기만한데
남자는 돌아서서 쉽게 삭제하는가

단 한순간도 비껴갈 수 없는데
가슴 베이는 칼날 얼마나 더 견뎌야하나

보고 싶어 뜨거운 눈물만 흐르고
숨이 막혀 쓰러질 것만 같은데 어쩌나

온 몸이 불덩이 신열인데 소방차도 안 오고
차라리 돌이 되어 숨마저 끊기어버렸으면

이렇게 잔인하게 잊으라하는 건가요
너무도 생생한데 어찌 생으로 지우라시나요

먼발치에서라도 한 번만 볼 수 있어도
숨이 끊기어질 듯 아리지는 않을 텐데

당신 너무 보고 싶은데 어쩌나
자꾸만 산소가 부족한 느낌만 오는데 어쩌나.

아쿠아마린(aquamarine)

당신은
내 속의 아쿠아마린
내 심오한 열정 속으로 스며든
바다물빛 고고한 보석
해가 뜨나, 해가 지나
늘 출렁이는 람빛 생명력

당신이
내게 쏟아져 내리면
나는 찬란한 눈부심 속에서
파르르 떨고 있는 한 떨기 수선화
이 한 몸 당신 위해서라면
벼랑 끝에 서있다 해도 기쁨이어라

당신은
내 속의 아쿠아마린
내 삶의 바다에서 싱싱하게 저장된
영혼을 살아 숨 쉬게 하는 물빛 양식
내 속에 자라나는 당신이라는 보석으로
나는 시간을 향기롭게 채우며 가렵니다.

사루비아

처음 본 순간부터
치유할 수 없는
열병에 걸렸다

마음은 속 타는 붉은 정열
깨알처럼 쏟아내는 수 없는 기도
침묵으로 울려 퍼지는 사랑의 종소리

속에서 외면하기에는
너무 깊이 박혀버린 그대
감출 수 없는 비밀한 기다림 무성하게 피었다

멀리 서있는 무심한 그대
이 간절한 노래들을 수 있으면 좋겠다
이 애절한 마음볼 수 있으면 정말 행복하겠다.

보고 싶어요

하루가 시작되고
하루가 마감되는 시점까지
당신은 늘 그리운 사람입니다

잡을 수도 없고
곁에 둘 수도 없는 당신은
바라만 보는 존재의 사랑입니다

욕심이 고개 들 때면
보고 싶다는 간절함이
벌써 당신에게 달려가고 있어요

당신 기다리면 안 되는 걸까요
당신 많이 좋아하고 있는데…
당신 많이 사랑하고 있는데…

내 마음은 당신으로 가득 차 있어요
당신이 내 마음 다 차지하고 있어요
당신 사랑하면 안 되는 걸까요.

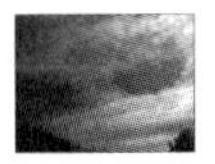

심장이 구멍 난 사람

내가 숨을 쉬고 있는 건가
내가 존재하고 있는 건가

바람이 불어오고 잔잔한 파도 넘실대는 곳
저 물결은 어쩌자고 자꾸만 쳐들어와 부서지는 지

숨을 쉴 수가 없는데
웃음을 피울 수가 없는데

가버린 어제의 시간은 돌아올 줄 모르고
눈치도 없이 달려오는 시간은 얄밉기만 한데

네가 없는 날들은 내가 없는 날
심장을 떼어간 잔혹한 고문이다

바람이 불고 물결은 끊임없이 부딪혀 오는데
문득 별은 지고 새벽이 걸어오는데 너는 어디에도 없다

돌아오지 않는 메아리가 무섭다
심장에 구멍 난 곳 민들레만이 피어있다.

보고 싶어도 볼 수 없는 사람

이젠 볼 수가 없습니다
아무리 그 모습 기다려도
당신 나타 날 리 없습니다

갑자기 아무 일 없듯이
웃으며 짠하고 나타날 것만 같은데
파란 눈물만 떨어뜨리게 합니다

당신은 가면 그만이지만
남겨진 빈자리가 얼마나 큰지
정녕 모르실겁니다

볼 수 있을 때 더 많이 보고
들을 수 있을 때 더 많이 얘기하고
손잡을 수 있을 때 더 많이 잡을 걸

갈대는 말없이 바람에 서걱 이고
하늘은 푸르고 푸르기만 하는데
이젠 그림자도 볼 수 없어 목이 메입니다.

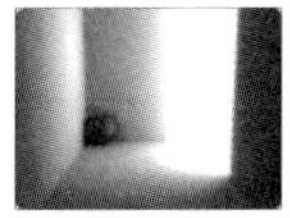

늘 안부가 그리운 사람

내 가는 모든 길은 그대여야하고
내가 하는 모든 일도 그대여야 하는
내 삶의 전부가 되었던 그리웠던 사람

그 토록 내 영혼에 꽁꽁 묶어 두고
단 하루도 생각의 끈 놓지 않았건만
그대는 가고 세월의 강물만 흐르더라

지금은 어디에서 잘 있는지
건강하게 활짝 핀 얼굴인지
욕심이겠지만 내 생각 스쳐 지나기도 할런지

생각만 해도 이슬이 맺혀지게 하는 그대
처음부터 이별이서 내 영혼이 된 사람
그대 안부가 늘 궁금합니다.

4부. 부치지 못할 편지

부치지 못할 편지

아마도 내 마음이 그랬으니까
그 말이 하나가 된 것인데
무참히 뒤돌아서서 차가운 말 던진 당신
왜 이렇게 가슴 아리도록 잊혀지지 않는지

죽을 만큼 보고 싶은데 벙어리 되어야하니
죽을 만큼 그리운데 침묵 속으로 질주해야하니
산소결핍증이 생긴 듯 하니 긴급 요청 SOS
사랑하는 당신 너무 보고 싶습니다.

부치지 못할 편지 중에서

소중한 사람에게 드리는 편지

초록 들판 뛰어다니는
맑은 사슴 눈망울 되었죠
우수 꽃만 가득하던 정원에
밝은 미소 꽃도 피어났었죠

내 생애 다시 그런 웃음 지을 수 있을까요
창을 활짝 열어 멋진 풍경 담아낼 수 있을까요
우체국 문을 방문할 때 마다
편지를 쓰고 싶게 하던 당신이었는데요

내가 당신에게 기쁨으로 피지 않는다면
온 세상 슬픔 꽃 되고 말아요
당신으로 인해 활짝 핀 꽃
당신으로 인해 시들어버린걸요

처음 그날부터의 시간을
소중한 인연으로 담아 두고 싶습니다
먼 훗날 우연이라도 마주치면
한 줄기 미소는 피워 줄 수 있겠죠

목소리 하나만으로도 기쁨 되었던
미소 하나만으로도 부자 되었던 날입니다
다시는 웃음꽃 활짝 피울 수 없을 것 같습니다
누구에게도 마음의 창 활짝 열 수 없는 까닭입니다

언제 어디에 있던지 잊지 못합니다
그것마저 허락하지 않는다면 숨 쉴 수 없을 겁니다
내 생애 참 아름다움으로 남겨두고 싶었는데
참 아프게 한 것 미안합니다

내 마음의 소중한 사람으로
영원히 남겨두겠습니다
부디 아프지 말고
행복하시길 진심으로 바라옵니다.

가을에 쓰는 편지

두 팔 벌려 안아주기 전에
떠나려는 아름다운 가을아
내가 말하지 않는다 해서
너를 반기지 않은 것 아니다
입술로 표현해야만 사랑이라고 하지만
침묵 속에 더 아롱진 너의 노래 담았단다

풀숲에서 들려오는 귀뚜라미 합창곡
까치밥 되겠노라 던 홍시의 홍안
바람에 휘날리던 들판의 황금 머리 결
내일이면 떠난다면서 열애중인 단풍
가을비 우산 속 같이 걷자고
노란 옷 입은 은행잎

그래 함께 가을 노래 부르고 싶었다
떫은 생의 고통 무르익어
초연의 얼굴이고 싶었다
삶에 찌든 푸석푸석한 마음결을
가을바람에 샴푸하고

들꽃향기로 린스하고 싶었다
내일 지구가 사라진다 해도
오늘은 진실한 열정하나 간직하고 싶었다
비가 오면 세상에서 가장 그리운 이와
빗속을 비에 젖도록 거닐고 싶었다

내가 그려놓은 파스텔톤 그림은
세찬 겨울바람에 날아갔다
나는 늘 편지를 쓰며 산다
보내지 못할 그러나 언젠가는 받아 볼
수취인의 주소를 모른다 난
쌓여진 편지 뭉치를 도난당하여도
난 편지를 쓰며 산다

언제나 돌아오는 계절에 왔다가는
가을 넌 아름다웠다
두 팔 벌려 안아주지 못해도
내가 기대곤 했다 가끔 너 모르게
마지막 뒷모습이 더 아름다운 가을 너에게
오늘은 말해야겠다
'사랑 한다'
'고맙다'고.

눈꽃 편지

하얀 겨울 푸른 새벽에
그리움이 편지를 씁니다

당신이 가고 난후
나의 하늘은 늘 잿빛이었습니다

하루는 사무치게 보고 싶다가
하루는 밉도록 그리워지기 때문입니다

당신 얼마나 사모했는지
달빛도 별빛도 모르지 않을 겁니다

오늘 밤은 별빛도 달빛도 없습니다만
하얀 눈꽃이 피고 있습니다

당신도 저 꽃 바라보고 계시다면
한 번 만 기억해 주어요

당신 빈자리에 아무것도 채울 수 없는
텅 빈 아픔 기억해 주어요

나의 마음 차갑게 얼어
다시 봄을 안을 수 없을 듯 합니다

저 눈꽃 바라보고 계신다면
사심 없는 마음도 기억해주어요

당신이 있어 살아 숨 쉬었고
활짝 핀 웃음꽃 고마웠습니다

당신이 저 나무라면
눈꽃으로 만났으면 합니다

볼 수 없는 당신이지만 사랑합니다
추운 겨울 따뜻한 시간이길 빕니다.

그리운 사람에게 쓰는 편지

달력 한 장만 달랑 남긴 12월의 문턱입니다
그 동안 잘 지내셨는지 건강하신지
안부조차 물을 수 없는 거리에서
그리움은 시리기만 합니다

내 마음의 풍경인 그리운 사람이여
점점 멀어져가는 어제의 시간처럼
먼 별나라 왕국의 임금처럼
한 발자국도 내려오지 못하는 별님시이여

편지를 써도 읽어주는 이는 없습니다
편지를 써도 보낼 곳도 없습니다
그대가 와서 읽어 주신다면
그대가 받아서 읽어 주신다면 행복이겠습니다

낙엽처럼 물들었다가 추락하고 마는 삶이겠지만
이별이란 심장을 도려내는 아픔이었습니다
다시 언젠가는 만날 날이 있으리라 하지만
그건 기약 없는 먼 이야기입니다

이별이 슬픈 건 정녕 다시는 볼 수 없음 일 때
이별이 아픈 건 정녕 다시는 만날 수 없음 일 때
어제를 그리워하다가 오늘을 놓치고
내일 마저 외면하는 어리석음의 연속이 되기도 합니다

그리운 사람을 만나지 못하면 병이 됩니다
보고픈 사람을 보지 못하면 병이 됩니다
산다는 것은 그리운 이도 보고픈 이도
가슴에 묻고 살아가는 것인지도 모릅니다

그것은 때론 삶의 등불이 되기도 하고
삶의 등대가 되기도 합니다
삶이 힘겹고 포기하고 싶을 때
초록별로 다가와 희망이 되기도 합니다

기온은 차고 그리움은 짙어갑니다
정말 보고 싶은 마음이 노을처럼 타오릅니다
때론 이런 바램이 절망을 몰고 오기도 합니다
살다 보면 또는 죽어서 다시 만나지는 날 있겠지요

12월의 눈발이 날리면 달려가겠습니다
하얀 눈발 강물에 뛰어 들면 강가로 달려나오십시요
쌓였던 내 그리움이 펑펑 쏟아져 내리고 있을겁니다
하얀 그리움을 굴려서 눈사람을 만들고 싶습니다

온 종일 햇살에 녹여지며 흔적 없이 사라져 간대도
생애 최대의 행복이겠습니다
그리운 이의 웃는 모습 다시 볼 수 있다면
그리운 이의 아름다운 목소리 다시 들을 수 있다면

나의 사랑스런 그리움이여.

비오는 새벽에 쓰는 편지

누군가 고요를 깨뜨리는 경적을 울립니다
시끄러운 소리에 눈 떠보니
새벽 비 창문을 하염없이 노크합니다

잠결에도 생각나는
그대 서러워 하염없이 마음을 적십니다
삶의 무게는 늘 허리를 휘청이게 하지만
그대만은 내 어깨에 나래를 달아줍니다

삶이 지치고 힘겨워 포기하고 싶다가도
그대만 생각하면 살아야 함을 느낍니다
절망의 낭떠러지로 뛰어내리고 싶다가도
나풀나풀 희망의 꽃잎에 입맞춤하고 싶어집니다

그대가 너무 좋습니다
그래서 입안에 가두어야하는
수많은 말들이 때로는 가시가 되어
나의 심장을 찔러 댑니다

너무 사랑한다는 말
쉽게 할 수 있는 말이 아닙니다
너무 보고 싶다는 말
쉽게 송신할 수 있는 말이 아닙니다

늘 가슴속에 하얀 집 짓고 있는 말들입니다
보고 있어도 무진장으로 피어나는
듣고 있어도 무한으로 돋아나는
서러운 침묵의 꽃입니다

나는 얼음이 되고 싶습니다
꽁꽁 언 한 여름의 얼음이고 싶습니다
그대의 진실한 마음이 닿을 때만 녹아지는
차디찬 얼음이고 싶습니다

부딪혀오는 물방울이 아무리 흔들어도
이 밤에 난 얼음이고 싶습니다
그대의 따스한 손이 닿을 때만
하염없이 녹아내리는 석빙고의 얼음이고 싶습니다

그대가 언제 어디에 계시든
늘 행복의 파랑새가 함께 하길 바랍니다
늘 행운의 여신이 함께 하길 바랍니다
온 세상이 끝나는 날까지
저 바다가 모래사막이 될 때까지...

부치지 못할 편지

처음부터 숨겨야 했지
마음보여 주지 말았어야 했지
어쩌다 처음 본 순간부터
함께 걸었던 모든 순간이 꿈이었는지도 몰라

그 말에 그 미소에 내가 녹아버렸던 거지
너무 힘든 나에게 포근한 꿈이었던 거지
마음이 통하는 소중한 사람이길 원했던 거지
그렇게 나를 흔들고 차갑게 돌아설 줄 몰랐던 게지

다른 사람의 사랑한다는 말은 스쳐 가는데
어찌 당신의 그 말은 진실로 들었는지
다른 사람의 보고 싶다는 말은 스쳐 지났는데
어찌 당신의 그 말은 참말로 들었는지

아마도 내 마음이 그랬으니까
그 말이 하나가 된 것인데
무참히 뒤돌아서서 차가운 말 던진 당신
왜 이렇게 가슴 아리도록 잊혀지지 않는지

죽을 만큼 보고 싶은데 벙어리 되어야하니
죽을 만큼 그리운데 침묵 속으로 질주해야하니
산소결핍증이 생긴 듯 하니 긴급 요청 SOS
사랑하는 당신 너무 보고 싶습니다.

그대에게 쓰는 가을 편지

언젠가 즐겨 듣던 휘파람 노래가
가을의 향기에 실려 오는 듯 해요

저 황금 들판의 살랑거림 속에
출렁이는 그리움의 파도소리 들어요

키 큰 미루나무 구름 싣고 가네요
함께 가자 부르짖는데 못 들었나 보네요

연변처녀 수줍음 같은 들국화 보아요
청순미가 으뜸이네요

대지에 숨 쉬는 모든 생명이
가슴으로 하늘을 안네요

들꽃도 들풀도 나무도 일제히
가을을 맞이하네요

이 즐거운 날 그대도 함께 해요
그대와 손잡고 가을을 걷고 싶어요.

한 여름에 보내는 편지

저 매미는 철없이 쨍하게 울어대고
햇살은 무엇을 더 태우겠다고
한 발 물러서지도 않는 이 여름

사람들은 괴물로 시원함을 달래려 몰려들고
본 사람들의 말로는 광고 보다는 못하다는
불평을 털어놓는 이 여름

무엇인가 시원한 일은 없을까요
연달아 사들고 오는 아이스크림은
단숨에 달아나고 속은 더욱 더워지는 이 여름

책을 읽으며 독서삼매경에 빠져볼까나요
아름다운 시집 한 권
멋진 소설 한 권 챙겨 바다로 떠날까요

계곡물 맑게 흐르는 산 속으로 갈까요
낯선 곳에 머무는 맑은 시간은
현실의 아픔을 씻겨주기도 하지요

이 여름이 다 가기 전
아픔과 슬픔 고통은 저 뜨거운 태양열에 녹여버리고
기쁨과 즐거움 행복한 시간을 그려야해요

단 하루를 살아도
진실한 노래 부르며 살아요
그것이 생의 참 의미인 것 아시죠.

내 사랑 그대에게 보내는 편지

제 마음은 그네를 타고 있습니다
사랑이 깊어지면 그리움도 깊어집니다
그리움이 깊어지면 보고픔도 커집니다
보고픔이 커지면 기다림도 많아집니다
하루에도 수십 번 올라갔다 내려오는
멈출 수 없는 이 흔들림을 어찌할까요

제 마음은 노를 젓고 있습니다
거친 삶의 바다를 헤쳐 나가려합니다만
제 사랑의 물결을 가로막는
고통과 미련은 거세기만 합니다
내 사랑 그대는 꿈이었습니다
저 수평선 멀리 신기루 섬입니다

다가가면 멀어지고 다가가면 멀어지는
아득한 꿈이었습니다
당신 모습은 푸른 하늘이 되고
당신 목소리는 파도소리가 됩니다
언제나 귓가에 맴도는 그대입니다
언제나 눈 속에 가득한 당신입니다

당신 너무 사랑해서 미안합니다
당신 잊지 못해서 미안합니다
세월이 흐른 다음에야
저 우도와 같은 당신 지울 수 있을 겁니다
당신 내 생애 잊을 수 없는 소중한 사람입니다
나 당신 정말 사랑합니다.

사랑의 편지

그리움도 병이라
안으로 안으로 깊은 침묵 속에 가둡니다
나로 인해 행여 그대 아파할까봐서
차마 사랑한다는 말
보고 싶다는 말 피우지 못합니다
그저 그리움의 집에 정원 만들어
사랑의 나무 한 그루 심고 날마다 물을 줍니다

그대 파릇한 말 한마디가
그대 싱싱한 웃음 한 조각이
나의 生에 윤활유가 됩니다
때론 무너져버리고 싶다가도
때론 쓰러져버리고 싶다가도
그대 때문에 꺾인 무릎 일으켜 세웁니다

삶이란 계곡을 넘고 산 넘고 물 건너는
긴 마라톤입니다
오늘 기쁨에 차 있다고 해서
영원한 기쁨이 아니라는 걸 알아가는 겁니다
오늘 절망에 빠졌다고 해서
영원한 절망이 아니란 걸 깨달아가는 겁니다

사랑하는 그대여 아파하지 말아요
곁에 있으나 곁에 없으나 사랑은 늘 함께 하는 겁니다
바라볼 수 있으나 없으나 늘 기울여지는 겁니다
내 사랑 그대여 행복하세요
그대 곁에 늘 웃고 있을겁니다
내 곁에 늘 그대 존재할 겁니다

차마 그립단 말은 못해도 늘 보고싶습니다
차마 사랑한단 말은 못해도 늘 기다립니다
같은 하늘 바라보고 살 수 있는 것도 행복입니다
마음속 정원에서 무럭무럭 자라나
내 生의 아름다운 향기가 되었으면 합니다
내 生의 최고의 행복이길 바랍니다
내 사랑 그대여.

비오는 날의 편지

편지가 비에 젖어 버렸어
글씨가 물에 번져 버렸어

무슨 말 쓴 건지
도무지 알아볼 수 없어

나뭇잎 편지지 펼쳤어
참새처럼 재잘 그렸어

나무 냄새 너무 좋아
들풀이 너무 똘망똘망해

온통 쏟아져 내리는 그리움
푸른 냇물 되었어

빗방울 방울마다 하고픈 말
빼곡히 그려 넣었어

우산도 없이 오솔길 한없이 걸었어
나뭇잎 속에 못다 한 노래 불러 보았어.

빗물 위에 쓴 봄 편지

그대 보고파서 펜을 듭니다
그 간 잘 있었는지
목소리 한 번 듣고 싶어도
얼굴 한 번 보고 싶어도
그대는 이 세상 사람이 아닌가 봅니다

아무리 소리쳐 불러도
들리는 빗소리에
그대 목소리 들을 수 없습니다
쌓여진 자욱한 안개에
그대 모습 볼 수가 없습니다

저 산 넘고
저 강물 건너면
그대 서 있을까요
그대 한 마디만 하면 안 되나요
나 보고 싶다는 한마디 하면 안 되나요

이 땅 하늘아래
그대 숨 쉬는 이 순간
위안하며 살아야겠죠
부탁해요 부디 행복하세요
기도해요 부디 건강하고 밝은 미소 간직하세요.

새벽에 쓰는 편지

새벽에 일어나 삶의 건반 펼쳐 놓습니다
누군가 수신인 되어 들을 수 있을겁니다
그대 아니면 나, 그녀 아니면 우리 모두
늘 삶의 편지 쓰는 마음으로 살아가기 때문입니다
편지는 설레임의 선물입니다
시간의 건반위로 수 없이 써보는 삶의 음입니다

기억의 더듬이 일으켜 어제의 건반 짚어봅니다
왠지 아무소리가 없습니다
그렇게 비장한 그리움의 음 엊그제까지 났었는데
왠지 아무소리가 안 납니다
고장이 난 것은 아니겠지요
소리가 나지 않는다고 들리지 않는 것 아니기 때문입니다

현실의 다리로 오늘의 건반 두들겨봅니다
약간 둔탁한 음이긴 하지만 소리가 납니다
여전히 가중된 무게가 어깨위에 실려

비틀거리는 걸음으로 산 오르는 나그네
무거우면 짐 버리고 가라해도 버리지 못하는 걸
짐만 버리면 좀더 경쾌한 소리 날 텐데 말입니다

내일의 촉각 곤두세워 내일의 건반 튕겨봅니다
약간 가녀린 음이긴 하지만 소리가 납니다
아주 밝은 음은 아니지만 아주 어두운 음도 아닙니다
짙은 어둠 지나면 새벽이 오듯이
새벽이 오면 아침이 오듯이 반드시 울리는 내일
오늘의 끈 놓지 않으면 언젠가는 밝은
내일의 음이 울릴 겁니다.

당신에게 보내는 안부편지

하루가 가고 하루가 오는 시간 속에서
당신의 안부 궁금해도 될까요

어제는 하얀 눈이 간밤에 내렸더군요
창문을 열고 하늘 바라보니 당신이 보고 싶었어요

차가운 이성으로 나를 감싸고
그대의 차가운 눈빛을 안았을 때 세상은 늘 고독이었죠

나에게는 서럽도록 아름다운 당신이 별이 된 이유는
당신을 너무나 좋아했기 때문이어요

나로 인해 당신이 불행해지는 것은 용납할 수 없었기에
바라만 보는 내 마음은 슬픈 행복이었죠

볼 수 없는 당신이지만
내게는 전부였던 내 사랑 그대여

겨울의 칼바람에도 늘 건강하고 행복하길 바래요
언제 어디서나 그대가 이 땅에 있는 한 난 행복해요.

우표 없는 편지

비가 하염없이 뿌려지는 날은
어김없이 편지를 써요
창문에 부딪히는 물방울만큼
그리운 사람 마주할 수 있다면
보고픔에 몸부림치며 울지 않을 것을
비가 오는 날 전화 걸고 싶은데
가슴에서 제어장치가 작동되어요
떠나버린 사람은 다시 오지 않는다고
흘러가버린 시간만큼 돌아올 수 없다고
빗물처럼 흘려보내야한다고
눈물처럼 쏟아버려야 한다고
누군가 가슴에 멍들도록
좋아해 본적 없는 사람이 더 불행한 것이라고
누군가를 죽도록 그리워할 수 있음은 행복이라고
아무리 위안하고 달래보아도
내 마음 흐르지 못하는 것을
한 곳에 머물러 애타도록 기다리고 있음을
한 세월 흘러가면 잊혀질 것인가
한 세월 흘러가면 묻혀질 것인가
빗방울 수만큼이나 마주할 수 있다면
아, 생각만으로도 떨리는 이 감응
그대만이 나의 진정한 마음 받을 사람이니까
우표 없이 편지 보내오니 행여 받으시면
쏜살같이 달려와 주시어요.

보낼 수 없는 가을 편지

소리 없이 다가온 가을의 거리에서
침묵할 수밖에 없는 입술은
벌써 단풍으로 물들어갑니다

푸른 하늘에 꽃구름 가득 채워
바람에게 전하는데도
도무지 배달을 제대로 하지 않는가봅니다

그대에게서는 아무런 소식이 없습니다
오지 않는다는 것 번연히 알면서
은행나무에는 노란 손수건 가득 걸어둡니다

속이 붉게 타들어가도
그리움은 날마다 하얀 파도 됩니다
날마다 자라나는 보고픔은 별이 되고 맙니다

귀뚜라미 소리 춤추는 베란다에는
보낼 수 없는 편지 박스 가득합니다
혹여 국화꽃잎위에 가득고인 인고의 향기 들리시나요.

편지배달

가을이 익은 공원호숫가를 걷습니다
문득 당신 안부가 궁금해
노란 은행잎에 몇 자 적습니다

별일 없지요
몸은 건강하시지요
가을이 예쁘게 물들어 많이 보고픈데
저 하늘 별 되어 멀리서만 반짝이시긴가요
호수에 찬란한 황금빛 일렁임 혹여 당신 영혼인가요

당신 목소리 바람에라도 실려 오면 좋겠네요
당신 소식 구름에라도 묻어왔으면 참 좋겠네요
이 가을이 다 가기 전에 은행잎에 적은
몇 편의 편지를 꼭 받아보시기 바래요

가을이 익은 공원호숫가를 걷습니다
내 어찌하지 못하는 속마음
자꾸만 얼굴 붉혀 달려가는 곳 당신입니다

서릿발 살 에이는 시간 엄습할 지라도
당신만 생각하면 내 마음은 싱그러운 아침이며
아직도 삶의 열정이 뜨겁게 솟아오릅니다
가을 풍경을 가슴의 화폭에 멋지게 찍어냅니다
세상에서 가장 멋진 인물화를 그려냅니다
침묵하여도 환상적 오케스트라 울려 퍼지는
이 아름다운 가을을 모두 당신에게 부칩니다

오늘은 당신이 生에 가장 행복한 날 되십시오.

가을편지

창틈으로 가을 기운 살며시 들어와
나를 와락 껴안네요
왠지 어색하지만 뿌리치지는 못하네요
차갑지만 않은 깔끔 매너
여름날 지친 나 달래네요

시원한 인상과 부드러운 미소에
모든 사람들 좋아하지만
나만의 가을을 간직하고파
작년에 책갈피 속에 넣어두었던 나뭇잎 골라
바람 편에 몇 자 적어 보내오

내 마음 물들이는 그대여
저 푸른 창공으로 그대마음 껴안고 날아가고파
저 맑은 호숫가로 온 종일 걸어 보고파
그대 내게 지금 달려와 주오.

겨울편지

날카로운 바람이
앙상한 가지에 기대오면
별은 더욱 찬란한 반짝임입니다

차가울수록 더욱 명료한 얼굴
그리움은 파도 되어 심장을 파고듭니다
부서지고 또 부셔져도 출렁이는 노래입니다

사 계절이 다 지나도록 기다려지는 사람
겨울이란 시간위에 안부편지를 올립니다
눈이 오거나 바람 불어 흩날린다면 내 그리움임을

부칠 수는 없지만 당신이 읽을 수는 있습니다
당신에게 달려갈 수는 없지만 늘 함께 있습니다
계절이 바뀌어도 내 마음은 늘 그 곳에 있습니다

당신이 내게로 달려오면
나는 하얀 폭설이고 싶습니다
당신 꼼짝 못하게 밤새 쌓이는 은빛 눈이고 싶습니다.

안부편지를 보냅니다

낙엽을 밟으며 당신 생각합니다
오른쪽이 옳은 길인지
왼쪽이 옳은 길인지 알 수는 없지만
나의 가는 길에는 늘 당신이 동행합니다

찬바람 매섭게 온 몸으로 안겨와
피할 길 없이 꽁꽁 얼어버립니다
덜덜덜 떨리는 발걸음 속에서도
당신의 안부 궁금합니다

계절 오고 가는 시간 속에서
내 마음의 사철 나무되어
푸르게 서있는 그대도
거리에 낙엽 쌓이면 갈색마음 되나요

타오르던 단풍잎도
황금빛 은행잎도
마지막 인사 하며 떠나가는데요
머리위에 떠 있는 저 별들 낙엽의 혼인가요

밤하늘에 별 반짝거리거든
나의 간절한 기도가
나의 간절한 그리움의 편지가
당신 안부 묻고 있음 알아주십시요.

새벽편지

차가운 새벽비가
나무위에 떨구어지는 소리가 들립니다
서늘한 냉기가 방안에 가득하여
보일러를 틀어
온기를 조금 담아냅니다

고요 속에 하루를 잉태하는
새벽의 신선한 감응을
당신에게 전하고 싶어
가장 싱싱한 기운을 모아
새벽편지를 씁니다

지독한 아픔 속에
나를 지탱해 준 당신은
내겐 새벽의 존재이십니다
어둠 뚫고 밝아지게 하는
여명의 눈동자이십니다

이슬처럼 맑은 영혼이
마음에 살포시 맺혔습니다
어둠이 밝아지고
햇살이 비추일 때
그 반짝임은 참으로 영롱할 겁니다.

빗속의 여인

안개비 자욱한 날이나
햇살 눈부신 날에도
하염없이 빗 속 거니는 여인이 있다

여윈 그 여자
바람 불면 쓰러질 듯 한 그 여자
한 번도 햇살을 활짝 웃어보지 못한 여자

왜 빗 속 거니느냐고 묻지 마라
왜 우산도 레인코트도 없이
늘 비에 젖어 있냐고도 묻지 마라

거친 비바람에 쓰러질 지언정
때로는 비에 젖어도 비에 젖지 않는다
밤이 어두워도 새벽은 오리라는 걸 믿는다

눈물에 고여 빗 속 거니는 여자
바람 불면 쓰러질 듯 한 그 여자
우산도 레인코트도 없는 그 여자

누가 그녀 영혼에 비를 뿌리는가
누가 그녀에게 낙뢰를 던지는가
누가 그녀 영혼의 뿌리 자르려하는가

비에 젖어도 비에 젖지 않고
햇살 맑아도 비에 젖어 있는 그 여자
비바람 속에서도 꽃 같이 활짝 웃고픈 여자

그녀 가슴의 빗장이 꽉 닫혀 있다
심장이 굳어 가고 파편 조각이 널브러져 있다
나뭇가지 끝 마지막 잎새처럼 누렇게 곪아가고 있다

빗소리가 거칠고 예리하게
혹은 부드럽고 달콤하게
그녀 구멍 난 가슴에 하염없이 퍼붓고 있다

빗속에 있어도 비에 젖지 않는 여자
눈부신 햇살 속에서도 비에 젖어 있는 여자
그녀 영혼에도 햇살이 봄 같이 꽃피는 날 있을까.

책을 만드는 사람들

도서출판 현대시선

서울사무소

우편번호 150-051

서울시 영등포구 신길2동 188-396호

(도서출판 현대시선)

사무실 : 02-844-5756

팩 스 : 02-831-5832

메일 - film20022002@hanmail.net

현대시선에서는 문우님들의 시집 및 소설집 기타 책을
기획 출판하오니 문의 하시면 최선을 다하겠습니다.